BLOCKCHAIN

Wie dezentrale Systeme unsere
Gesellschaft verändern

Philipp Frühwirth

Impressum © 2023 Philipp Frühwirth

Alle Rechte vorbehalten

Die in diesem Buch dargestellten Figuren und Ereignisse sind fiktiv. Jegliche Ähnlichkeit mit lebenden oder toten realen Personen ist zufällig und nicht vom Autor beabsichtigt.

Kein Teil dieses Buches darf ohne ausdrückliche schriftliche Genehmigung des Herausgebers reproduziert oder in einem Abrufsystem gespeichert oder in irgendeiner Form oder auf irgendeine Weise elektronisch, mechanisch, fotokopiert, aufgezeichnet oder auf andere Weise übertragen werden.

INHALT

Titelseite
Impressum
Einführung in die Blockchain-Technologie   1
Die grundlegenden Bestandteile einer Blockchain   3
Kryptographie und ihre Bedeutung für Blockchain   6
Wie Blockchain-Technologie das Vertrauen in Wirtschaft und Gesellschaft stärkt   8
Vergleich von Public und Private Blockchains   10
Smart Contracts als Schlüsselelement der Blockchain-Technologie   12
Blockchain und die Revolution des Finanzwesens   14
Blockchain in der Logistikbranche   16
Möglichkeiten und Grenzen von Blockchain im Gesundheitswesen   18
Auswirkungen von Blockchain-Technologie auf Regierungen und Governance-Systeme   20
Risiken und Herausforderungen beim Einsatz von Blockchain   22
Blockchain-Anwendungen in der Energiewirtschaft   24
Die Rolle von Blockchain bei der Dezentralisierung von Daten   26
Anwendungen von Blockchain-Technologie in der   28

Immobilienbranche

Einsatz von Blockchain in der Automobilindustrie 30

Die Bedeutung von Interoperabilität von Blockchain-Netzwerken 32

Blockchain und die Zukunft von Identitätsmanagement 34

Mögliche Bedrohungen von Quantencomputern für Blockchain 36

Die Zukunft von Blockchain in Forschung und Entwicklung 38

Ausblick: Wie Blockchain-Technologie unser Leben beeinflussen wird 40

EINFÜHRUNG IN DIE BLOCKCHAIN-TECHNOLOGIE

Blockchain-Technologie oder kurz Blockchain ist eine revolutionäre Technologie, die das Potenzial hat, die Art und Weise unserer gesellschaftlichen Interaktionen grundlegend zu verändern. Das Konzept hinter Blockchain kann auf den ersten Blick komplex und technisch erscheinen, aber es lässt sich relativ einfach erklären.

Im Wesentlichen handelt es sich bei der Blockchain um einen dezentralen digitalen Ledger, auf dem Transaktionen in Form von Blöcken gespeichert werden. Dieser Ledger wird von einer globalen Gruppe von Computern aufrechterhalten, und jede Transaktion auf dieser Plattform wird von einem Netzwerk von Nutzern bestätigt und validiert, um die Integrität der Daten zu gewährleisten.

Blockchain ermöglicht die direkte Übertragung von Wert zwischen zwei Parteien, die sich durch die Technologie selbst verifizieren. Diese Eigenschaft macht intermediäre Dritte wie Banken, Notare oder andere Anwälte überflüssig, was zu einer schnelleren, sichereren und kostengünstigeren Abwicklung von Transaktionen führen kann.

Eine weitere wichtige Eigenschaft von Blockchain ist seine Transparenz. Da jeder Block in der Kette mit dem vorherigen Block in der Kette verknüpft ist, gibt es keine Möglichkeit, Transaktionen zu manipulieren oder zu stehlen. Alle Transaktionen in der Blockchain werden auf jedem Computer im Netzwerk gespeichert und können von jedem Teilnehmer eingesehen werden. Dies schafft ein hohes Maß an Transparenz und Sicherheit, da jeder Nutzer auf der Plattform die Möglichkeit hat, die Integrität der gesamten Blockchain zu überprüfen.

Die Blockchain-Technologie wird derzeit hauptsächlich in der Finanzbranche eingesetzt. Einige der bekanntesten Anwendungen von Blockchain-Technologie sind Kryptowährungen wie Bitcoin und Ethereum. Diese digitalen Währungen haben das Potenzial, das traditionelle Bankwesen zu disruptieren und grenzüberschreitende Finanztransaktionen schneller und billiger zu machen.

Darüber hinaus gibt es jedoch noch viele weitere Anwendungen von Blockchain-Technologie, die in verschiedenen Branchen eingesetzt werden könnten. Beispiele sind Supply-Chain-Management, digitale Identitäten, digitale Wahlen und vieles mehr.

Insgesamt ist die Blockchain-Technologie ein innovatives Konzept, das die Art und Weise, wie wir Geschäfte tätigen oder sogar miteinander interagieren, radikal verändern könnte. Die Technologie hat das Potenzial, sowohl das traditionelle Bankwesen als auch eine Vielzahl anderer Branchen zu disruptieren und könnte in Zukunft eine bedeutende Rolle bei der Schaffung einer dezentralen digitalen Zukunft spielen.

DIE GRUNDLEGENDEN BESTANDTEILE EINER BLOCKCHAIN

Eine Blockchain ist eine dezentrale Datenbank, die aus einer Kette von Blöcken besteht, die miteinander verkettet sind. Jeder Block enthält eine Liste von Transaktionen oder Informationen und einen Hashwert seines Vorgängers. Der erste Block wird Genesis-Block genannt und hat keinen Vorgänger. Die Daten auf der Blockchain sind für alle Teilnehmer öffentlich einsehbar, jedoch kann nur der Besitzer eines privaten Schlüssels Änderungen an der Kette vornehmen.

Eine Blockchain ist eine verteilte Datenbank, die auf mehreren Rechnern oder Knotenpunkten im Netzwerk ausgeführt wird. Jeder Knotenpunkt speichert eine vollständige Kopie der Blockchain.

Im Wesentlichen besteht eine Blockchain aus drei grundlegenden Komponenten:

1. Dezentralisierte Peer-to-Peer-Netzwerke.
2. Kryptographische Algorithmen.
3. Der Blockchain-Konsensmechanismus.

Dezentralisierte Peer-to-Peer-Netzwerke:
Eine Blockchain ist ein dezentralisiertes Netzwerk von Knotenpunkten, die miteinander verbunden sind. Da es keine zentrale Autorität gibt, ist das Netzwerk resistent gegen Netzwerkausfälle oder böswillige Angriffe. Jeder Knotenpunkt im Netzwerk hat eine vollständige Kopie der Blockchain, was bedeutet, dass jede Transaktion auf der Blockchain von jedem Knotenpunkt verifiziert werden kann.

Kryptographische Algorithmen:
Kryptographie ist der Wissenschaftszweig, der sich mit der Sicherheit von Computern und dem Schutz sensibler Informationen beschäftigt. Kryptographie wird in vielen Bereichen eingesetzt, um die Integrität, Vertraulichkeit und Authentizität von Daten sicherzustellen.

Im Falle von Blockchain-Technologie wird die Kryptographie verwendet, um sicherzustellen, dass nur berechtigte Benutzer Änderungen an der Blockchain vornehmen können. Eine digitale Signatur wird verwendet, um eine Transaktion zu authentifizieren und zu bestätigen, dass sie von einem berechtigten Benutzer stammt.

Der Blockchain-Konsensmechanismus:
Der Blockchain-Konsensmechanismus ist das Protokoll, das verwendet wird, um sicherzustellen, dass alle Knotenpunkte im Netzwerk eine einheitliche Ansicht der Blockchain haben. Es gibt mehrere Arten von Konsensmechanismen, wie z.B. Proof-of-Work (PoW), Proof-of-Stake (PoS) und Proof-of-Authority (PoA).

Proof-of-Work ist der Konsensmechanismus, bei dem die Miner ein mathematisches Problem lösen müssen, um einen neuen Block zu generieren. Dieser Prozess benötigt viel Rechenleistung und Energie, wodurch er sehr zeitaufwändig und Kostenintensiv ist.

Proof-of-Stake hingegen funktioniert anders. Versehentliches Lösen von mathematischen Problemen ist nicht notwendig. Stattdessen müssen die Teilnehmer Blockchain-Münzen als Einsatz in ein Konto legen, um die Chance zu haben, einen neuen Block zu generieren. Dies ist wesentlich effektiver und kostengünstiger als Proof-of-Work.

Fazit:
Die drei grundlegenden Komponenten von Blockchain-Technologie bilden zusammen das Grundgerüst. Dezentralisierte

Peer-to-Peer-Netzwerke stellen sicher, dass kein einzelner Kontenpunkt fehlerhaft ist und Kryptographie stellt sicher, dass alle Transaktionen sicher und authentifiziert sind. Der Konsensmechanismus wird verwendet, um sicherzustellen, dass die Blockchain jederzeit einheitlich ist. Die Kombination dieser drei grundlegenden Komponenten ermöglicht es, dass Blockchain-Technologie äußerst robust und sicher ist, unabhängig vom Netzwerk oder der Anzahl der Teilnehmer.

KRYPTOGRAPHIE UND IHRE BEDEUTUNG FÜR BLOCKCHAIN

Die Kryptographie spielt eine entscheidende Rolle bei der Funktionsweise von Blockchain-Technologie. Durch ihre Verwendung wird sichergestellt, dass die in der Blockchain enthaltenen Informationen vor unbefugtem Zugriff geschützt sind.

Bei der Kryptographie geht es darum, Daten auf eine solche Art und Weise zu verschlüsseln, dass sie vor Dritten geheimgehalten werden können. In der Blockchain sind dabei vor allem zwei Arten der Verschlüsselung von Bedeutung: die Public-Key-Kryptographie und die Hash-Funktionen.

Die Public-Key-Kryptographie ist eine Methode der asymmetrischen Verschlüsselung. Zwei Schlüssel werden dabei generiert: ein öffentlicher Schlüssel, der für jeden zugänglich ist, und ein privater Schlüssel, der nur vom Eigentümer verwendet werden kann. Wenn eine Person eine Nachricht an eine andere Person senden möchte, benutzt sie deren öffentlichen Schlüssel, um die Nachricht zu verschlüsseln. Nur der Empfänger dieser Nachricht ist in der Lage, die Nachricht mit seinem privaten Schlüssel zu entschlüsseln.

In der Blockchain wird die Public-Key-Kryptographie verwendet, um digitale Signaturen zu erstellen. Jeder Transaktion in der Blockchain ist eine digitale Signatur beigefügt, die sicherstellt, dass die Transaktion von der richtigen Person stammt und nicht verändert wurde.

Die andere wichtige Methode der Kryptographie in der Blockchain sind die Hash-Funktionen. Hash-Funktionen sind mathematische

Funktionen, die eine Menge an Daten in eine feste Größe von Zeichen umwandeln. Diese Zeichenkette wird als "Hash" bezeichnet. Hash-Funktionen haben die Eigenschaft, dass sie nicht umkehrbar sind, was bedeutet, dass aus einem Hash keine Informationen über die ursprünglichen Daten abgeleitet werden können.

In der Blockchain wird die Hash-Funktion verwendet, um jede Transaktion und jeden Block eindeutig zu identifizieren. Wenn eine Transaktion in die Blockchain aufgenommen wird, wird sie in einen Block aufgenommen, der einen Hash enthält, der aus den Daten des Blocks berechnet wurde. Sobald der Block in der Blockchain verankert ist, kann der Hash nicht mehr verändert werden, da dies den gesamten folgenden Teil der Blockchain beeinflussen würde.

Zusammenfassend lässt sich sagen, dass die Implementierung der Kryptographie eine Schlüsselkomponente der Blockchain-Technologie darstellt. Eine korrekte Umsetzung der Verschlüsselungsmethoden stellt sicher, dass die Daten in der Blockchain sicher und unveränderlich gespeichert werden.

WIE BLOCKCHAIN-TECHNOLOGIE DAS VERTRAUEN IN WIRTSCHAFT UND GESELLSCHAFT STÄRKT

Die Blockchain-Technologie wird oft als ein Werkzeug für die Schaffung von Vertrauen beschrieben. In der Tat bietet die Technologie für viele Unternehmen und Institutionen die Möglichkeit, die Integrität, Transparenz und Sicherheit von Daten und Transaktionen zu erhöhen. Letztendlich kann dies zu einem höheren Vertrauen in die Wirtschaft und die Gesellschaft führen.

Einer der Hauptgründe, warum Blockchain das Vertrauen in Wirtschaft und Gesellschaft stärken kann, ist, dass es ein dezentralisiertes System ist. Das bedeutet, dass kein zentrales Unternehmen oder keine zentrale Instanz für die Überprüfung von Transaktionen erforderlich ist. Stattdessen werden Transaktionen von einem Netzwerk von Knoten überprüft, die über die gleichen Informationen verfügen. Auf diese Weise wird sichergestellt, dass Transaktionen sicher und zuverlässig abgewickelt werden, ohne dass eine vertrauenswürdige dritte Partei benötigt wird.

Ein weiterer Vorteil der Blockchain-Technologie liegt in ihrer Fähigkeit, Betrug zu verhindern. Da jeder Knoten im Netzwerk die gleichen Informationen hat, ist es äußerst schwierig, Daten zu fälschen oder zu löschen. Jede Änderung muss im gesamten Netzwerk vorhanden sein und von den anderen Knoten genehmigt werden. Durch diese Mechanismen ist es äußerst schwierig, eine erfolgreiche Attacke auf das System auszuführen oder Betrug zu begehen.

Darüber hinaus ist Blockchain eine äußerst transparente Technologie. Alle Daten, die auf der Blockchain gespeichert werden, sind für alle Teilnehmer im Netzwerk sichtbar und nachvollziehbar. Dies erhöht das Vertrauen und die Änderungen werden von mehreren Parteien bestätigt. Auf diese Weise kann die Blockchain-Technologie dazu beitragen, dass Transaktionen fair und ehrlich abgewickelt werden.

Ein weiterer Vorteil ist, dass digitales Vertrauen geschaffen wird, da jeder Teilnehmer im Netzwerk überprüfen kann, dass Daten und Transaktionen echt sind. Blockchains bieten eine unveränderliche Aufzeichnung jeder Transaktion, einschließlich Datum, Uhrzeit und Beteiligten. Blockchain-Technologie kann auch dazu beitragen, Betrug und Korruption in der Lieferkette zu vermeiden, indem sichergestellt wird, dass sich nur Produkte mit nachhaltigen Materialien und ethischen Umständen durch die Lieferkette bewegen können.

Für die Wirtschaft kann die Blockchain-Technologie dazu beitragen, den Handel zu vereinfachen und die Effizienz zu erhöhen. Die Blockchain-Technologie kann auch dazu beitragen, internationale Transaktionen und Geldtransfers zu erleichtern und zu beschleunigen.

Insgesamt bietet die Blockchain-Technologie einzigartige Lösungen für Probleme in verschiedenen Wirtschaftsbereichen. Dabei liegt der Fokus auf Transparenz, Integrität und Dezentralisierung. Mit diesen Idealen als Kernprinzipien können Unternehmen und Institutionen in der Lage sein, Nachhaltigkeit zu fördern, Gesellschaften fairer und fester zu machen, und Investitionen in die Wirtschaft zu fördern. Als solches wird die Blockchain-Technologie voraussichtlich in den kommenden Jahren erhebliche Auswirkungen haben und dafür sorgen, dass das Vertrauen zwischen Menschen und Institutionen aufrechterhalten bleibt.

VERGLEICH VON PUBLIC UND PRIVATE BLOCKCHAINS

In der Welt der Blockchain-Technologie gibt es zwei grundlegende Typen von Blockchains: Public Blockchains und Private Blockchains. Während beide Arten von Blockchains die gleiche grundlegende Technologie verwenden, gibt es wichtige Unterschiede, die es wert sind, genauer betrachtet zu werden.

Public Blockchains sind dezentralisierte Netzwerke, die von jedermann genutzt werden können, ohne dass eine zentrale Autorität erforderlich ist. Diese Art von Blockchain ist für jedermann zugänglich und transparent. Jeder kann Transaktionen durchführen und Einblick in alle Transaktionen im Netzwerk erhalten. Die bekanntesten Public Blockchains sind Bitcoin und Ethereum.

Private Blockchains hingegen sind von Unternehmen oder Organisationen kontrollierte Netzwerke. Sie können von einer begrenzten Anzahl von Personen genutzt werden, die eine besondere Berechtigung haben. Unternehmensblockchains sind normalerweise privat, da sie den Zugriff nur auf autorisierte Personen beschränken und sensible Informationen schützen wollen. Hierfür wird oft eine Erlaubnis benötigt. Diese Art von Blockchains sind oft nicht ganz so transparent wie Public Blockchains und können nur von denen genutzt werden, die die nötigen Berechtigungen haben.

Während Public Blockchains das Vertrauen in Wirtschaft und Gesellschaft fördern und eine höhere Transparenz bieten, bieten Private Blockchains zusätzliche Vorteile wie Geschwindigkeit, erhöhte Skalierbarkeit und verbesserte Kontrolle über das Netzwerk.

Public Blockchains bieten eine transparente Umgebung, in der jeder sehen kann, welcher Transaktionsverlauf gespeichert ist. Dadurch wird die Integrität des Netzwerks gewährleistet und das Vertrauen in Unternehmen und staatliche Institutionen gestärkt. Die Transaktionsgebühren sind in der Regel gering und es gibt keine Einschränkungen, wer im Netzwerk teilnehmen kann.

Private Blockchains hingegen bieten bessere Kontrolle und Privatsphäre. Da sie in der Regel nur ausgewählten Nutzern zugänglich sind, kann auf sensible Informationen besser aufgepasst werden. Private Blockchains sind deutlich schneller in der Verarbeitung von Transaktionen, da sie weniger Rechenaufwand benötigen als Public Blockchains. Dies macht sie besonders für Unternehmen attraktiv, da Zeit und Geschwindigkeit hier ein wichtiger Faktor sind.

Zusammenfassend lässt sich sagen, dass Public Blockchains eine breitere Anwendung in verschiedenen Branchen finden, da Transparenz und Integrität hier sehr wichtig sind. Private Blockchains hingegen sind für Unternehmen und Organisationen attraktiver, die sensible Informationen schützen und schnelle Transaktionen abwickeln müssen. Beide Formen der Blockchain-Technologie haben ihre eigenen Vorteile und es hängt von den spezifischen Bedürfnissen einer Organisation ab, welche Form der Blockchain am besten geeignet ist.

SMART CONTRACTS ALS SCHLÜSSELELEMENT DER BLOCKCHAIN-TECHNOLOGIE

Smart Contracts sind ein zentraler Bestandteil der Blockchain-Technologie und eines der wichtigsten Anwendungsgebiete für Blockchain. Ein Smart Contract ist im Grunde genommen ein selbstausführender Vertrag, der automatisch ausgeführt wird, sobald bestimmte Bedingungen erfüllt sind. Diese Bedingungen sind im Vertrag programmatisch festgelegt, sodass keine menschliche Eingabe erforderlich ist, um den Vertrag auszuführen.

Smart Contracts können in vielen verschiedenen Branchen eingesetzt werden. Beispielsweise könnte ein Versicherungsunternehmen einen Smart Contract verwenden, um einen Schadensfall automatisch abzuwickeln, sobald dieser gemeldet wird. Der Smart Contract könnte die Bedingungen für die Auszahlung des Schadens genau festlegen und sobald diese erfüllt sind, würde die Auszahlung automatisch durchgeführt werden. Dies würde den Prozess beschleunigen und die Kosten für die Bearbeitung von Schadensfällen senken.

Ein weiteres Beispiel für den Einsatz von Smart Contracts ist der Bereich der Lieferketten- und Logistikbranche. Unternehmen könnten Smart Contract-Protokolle nutzen, um den Zustand von Waren und deren Lieferung zu verwalten, sodass Käufer und Verkäufer leicht verfolgen können, wo sich die Waren gerade befinden und wann sie ankommen werden. Wenn ein bestimmtes Ereignis eintritt, wie beispielsweise der Verlust eines Pakets, kann der Smart Contract automatisch eine Rückerstattung an den Käufer auslösen oder alternative Liefermöglichkeiten vorschlagen.

Smart Contracts bieten auch eine erhöhte Datensicherheit, da sie auf der Blockchain-Technologie aufbauen. Die Aktivitäten rund um einen Smart Contract werden öffentlich aufgezeichnet, und die Transparenz bietet zusätzliche Sicherheit, da Entscheidungen nachvollzogen werden können. Dies kann beispielsweise dazu führen, dass Vertragsparteien deutlich mehr Vertrauen ineinander haben und die Wahrscheinlichkeit einer rechtlichen Auseinandersetzung verringern.

Die Verwendung von Smart Contracts bietet also zahlreiche Vorteile, insbesondere da sie effizient und kosteneffektiv sind. Sie könnten dazu beitragen, den Entwicklungsprozess von Unternehmen zu beschleunigen, ihre Geschäftsprozesse zu automatisieren und das Vertrauen zwischen Geschäftspartnern zu erhöhen. Weil Smart Contracts auf der Blockchain-Technologie basieren, die die Unveränderlichkeit und Sicherheit von Daten garantiert, ist es unwahrscheinlich, dass sie in absehbarer Zeit verschwinden werden.

BLOCKCHAIN UND DIE REVOLUTION DES FINANZWESENS

Die Blockchain-Technologie hat eine mächtige Auswirkung auf viele Wirtschaftsbereiche, aber besonders auf das Finanzwesen. Die traditionelle Finanzbranche, die Domäne von Banken, Vermögensverwaltern und anderen institutionellen Akteuren, war bisher sehr zentralisiert und schwer zugänglich. Für Privatkunden waren die Prozesse sehr ineffizient und es gab eine hohe Abhängigkeit von Zwischenhändlern und traditionellen Geldüberweisungssystemen.

Blockchain-Technologie ändert dies grundlegend und ermöglicht eine Dezentralisierung des Finanzwesens. Durch die Schaffung von sicheren, unveränderlichen Transaktionsaufzeichnungen und dezentralisierten Netzwerken kann die Blockchain Technologie vielen Menschen Zugang zu bisher nicht verfügbaren Finanzprodukten und -dienstleistungen ermöglichen.

Ein großer Vorteil ist die Möglichkeit schneller und günstiger globaler Überweisungen durch die Nutzung von Kryptowährungen. Die Verwendung von Bitcoin oder anderen digitalen Währungen zur Abwicklung von Transaktionen ermöglicht es, bisher auftretende Zeit- und Kostenprobleme zu eliminieren. Auch die Überprüfung von Transaktionen kann sehr schnell erfolgen, da es keine Notwendigkeit gibt, mehrere Prüfstellen durchlaufen zu müssen.

Eine weitere wichtige Funktion von Blockchain-Technologie sind Smart Contracts, die technische Protokolle darstellen, die automatisch bestimmte Bedingungen erfüllen und dabei Nachrichten, Währungseinheiten oder andere Werte austauschen. Durch die Automatisierung von Verträgen entsteht eine zusätzliche Vertrauensbasis, da die Blockchain-Technologie nicht manipulierbar ist und somit keine Partei bevorzugt werden kann.

Diese Technologie macht auch den Einsatz von Kryptowährungen, wie zum Beispiel Bitcoin, möglich. Kryptowährungen stellen eine weitere Innovation dar, die von der Blockchain-Technologie profitiert. Im Gegensatz zu herkömmlichem Geld können Kryptowährungen nicht manipuliert oder von einer Zentralbehörde kontrolliert werden. Die Transparenz und Sicherheit von Kryptowährungen fördert zusätzlich das Vertrauen in die Finanzmärkte.

Allerdings gibt es auch Bedenken und Herausforderungen, denen sich die Blockchain-Technologie im Finanzwesen stellen muss. Regulierung und Sicherheitsbedenken sind dabei wichtige Aspekte. Während die Dezentralisierung von Finanzdienstleistungen viele Vorteile bringt, müssen dennoch Regeln und Vorschriften eingehalten werden, um die Finanzstabilität und den Schutz von Anlegern zu gewährleisten.

Zusammenfassend ist festzustellen, dass die Blockchain-Technologie das Potenzial hat, die Finanzbranche grundlegend zu verändern und zu revolutionieren. Durch die Dezentralisierung von Finanzdienstleistungen können viele Menschen von bisher nicht verfügbaren Angeboten profitieren. Jedoch müssen auch regulatorische Bedenken berücksichtigt werden, um die Integrität und die Stabilität des Finanzsystems zu gewährleisten.

BLOCKCHAIN IN DER LOGISTIKBRANCHE

Die Logistikbranche ist ein wichtiger Bestandteil unserer globalisierten Welt und umfasst eine breite Palette von Dienstleistungen, die dazu beitragen, Güter und Waren durch Lieferketten zu befördern. In den letzten Jahren hat die Blockchain-Technologie die Aufmerksamkeit der Branche auf sich gezogen und bietet eine Reihe von Vorteilen.

Ein Problem, das Blockchain in der Logistikbranche lösen kann, betrifft das Tracking von Gütern. Durch die dezentrale Datenhaltung und den Einsatz von Smart Contracts können Lieferketten transparenter gemacht und Sendungen einfach und effektiv verfolgt werden. Eine solche Blockchain-Plattform kann Daten zu jedem Schritt der Lieferkette, einschließlich Bestellungen, Verpackung, Versand und Zustellung, speichern, um die Integrität und Sicherheit der Lieferung zu gewährleisten. Jeder Schritt kann durch eine eindeutige Identifikationsnummer verfolgt werden, die sicherstellt, dass die Güter sicher an den richtigen Ort gelangen.

Ein weiterer Vorteil von Blockchain in der Logistikbranche ist die Möglichkeit, Probleme bei der Registrierung und Überprüfung von Genehmigungen und Lizenzen zu lösen. Durch die dezentrale Natur von Blockchain können Logistikunternehmen und Regierungsbehörden Daten zu Lizenzen und Genehmigungen in Echtzeit übertragen und ohne Zwischenhändler verwalten. Dies reduziert die bürokratischen Hürden und senkt Kosten und Risiken.

Ein weiterer potentieller Einsatz von Blockchain in der Logistikbranche ist im Bereich der Emissionsreduzierung.

Blockchain kann dazu beitragen, die Rückverfolgung von Emissionsquellen innerhalb der Lieferkette zu erleichtern und somit einen besseren Überblick über den CO2-Ausstoß zu geben. Dies ermöglicht Unternehmen, ihre Emissionsreduzierungsziele zu erreichen und ihren ökologischen Fußabdruck zu minimieren.

Blockchain bietet auch eine Möglichkeit zur Verbesserung der Sicherheit in der Logistikbranche. Es bestehen Sicherheitsrisiken in Form von Datenlecks und Hacks, was dazu führen kann, dass sensitive Daten in die falschen Hände geraten. Blockchain-Technologie bietet hier eine Lösung. Durch die Verwendung von kryptographischer Verschlüsselungstechnologie können Blockchain-Plattformen sicherstellen, dass alle Daten sicher und zuverlässig gespeichert und übertragen werden.

Zusammenfassend gibt es viele Gründe, warum Blockchain in der Logistikbranche vielversprechend ist. Von der Rückverfolgbarkeit von Gütern, der Verbesserung der Genehmigungsverfahren, der Emissionsreduzierung bis hin zur Verbesserung der Sicherheit bietet die Blockchain-Technologie viele Vorteile für die Logistikbranche. Es ist nur eine Frage der Zeit, bis mehr Unternehmen Blockchain in ihre Lieferketten integrieren und sich der technologischen Revolution in der Branche anschließen.

MÖGLICHKEITEN UND GRENZEN VON BLOCKCHAIN IM GESUNDHEITSWESEN

Die Blockchain-Technologie bietet zahlreiche Anwendungsmöglichkeiten in verschiedenen Branchen, darunter auch im Gesundheitswesen. In diesem Kapitel werden die Möglichkeiten und Grenzen von Blockchain-Technologie in der Gesundheitsbranche untersucht.

Eine der offensichtlichsten Anwendungen von Blockchain im Gesundheitswesen ist die sichere Speicherung und Übertragung von Patientendaten. Angesichts der ständig steigenden Anzahl von Cyberangriffen und Datenverstößen ist die Datensicherheit von größter Bedeutung. Die Blockchain-Technologie kann dabei helfen, das Vertrauen in die Integrität der Patientendaten, von Diagnosen, Medikamenten und Testergebnissen wiederherzustellen. Patienten können ihren Arzt oder anderen Fachleuten Zugriff auf ihre Daten gewähren, und Ärzte und Krankenhäuser können dann auf ein vollständiges und genaues Bild ihrer Patientengeschichte zugreifen.

Eine weitere Anwendung von Blockchain im Gesundheitswesen ist die Verwaltung von Arzneimittelsicherheitsdaten. Da oft unterschiedliche Standards für Arzneimittel in verschiedenen Ländern gelten, kann es schwierig sein, genaue Informationen über Medikamente zu erhalten. Eine Blockchain-Plattform kann hier eine einfache und transparente Lösung bieten, indem sie Herstellungs-, Transport-, Vertriebs- und Verabreichungsdaten in Echtzeit sammelt. Diese Transparenz erhöht die Effektivität von Regulierungsbehörden und kann die Betrugsmöglichkeiten in der Lieferkette reduzieren.

Ein weiterer Vorteil von Blockchain im Gesundheitswesen ist, dass sie dabei helfen kann, die hohen Kosten für die Verwaltung und den Austausch von Daten zu senken. Da Blockchain eine dezentrale Lösung ist, wird sie in Zukunft auch dazu beitragen, Intermediäre wie zentrale Datenserver, die normalerweise für die Übermittlung von Daten benötigt werden, zu eliminieren.

Jedoch gibt es auch einige Herausforderungen und Grenzen, die sich bei der Anwendung von Blockchain-Technologie in der Gesundheitsbranche stellen. Eine ist die Notwendigkeit, eine sichere Methode zur Identifizierung von Patienten zu finden. Eine falsche Identität bei der Registrierung von Patientendaten könnte zu schwerwiegenden Konsequenzen führen. Die Regulierung von Blockchain-Technologie für den Einsatz im Gesundheitswesen steht ebenfalls noch in den Kinderschuhen und es besteht ein Bedarf an Klärung der Gesetzgebung für den Umgang mit Patientendaten auf einer Blockchain-Plattform.

Zusammenfassend lässt sich sagen, dass Blockchain-Technologie große Vorteile für das Gesundheitswesen bietet. Es erhöht die Datensicherheit, hilft bei der Verwaltung von Arzneimittelsicherheitsdaten und senkt die Kosten für die Verwaltung und den Austausch von Daten. Es gibt noch einige Herausforderungen, die überwunden werden müssen, bevor Blockchain-Technologie für den Einsatz im Gesundheitswesen weit verbreitet ist, jedoch scheint es, dass ihre fortschrittlichen Funktionen für diesen Sektor sehr wertvoll sind.

AUSWIRKUNGEN VON BLOCKCHAIN-TECHNOLOGIE AUF REGIERUNGEN UND GOVERNANCE-SYSTEME

Die Blockchain-Technologie hat das Potenzial, die Art und Weise zu verändern, wie Regierungen und Governance-Systeme funktionieren. In diesem Kapitel werden wir uns damit befassen, welche Auswirkungen Blockchain auf Regierungen und Governance-Systeme hat und welche Veränderungen wir in Zukunft erwarten können.

Eines der Hauptprobleme von Regierungen ist der Mangel an Transparenz und Vertrauen der Öffentlichkeit. Durch die Verwendung von Blockchain-Technologie kann das Vertrauen in Regierungen gestärkt werden. Da die Blockchain-Technologie jede Transaktion aufzeichnet, die jemals in einem Netzwerk durchgeführt wurde, können Regierungen und Behörden ihre Prozesse und Entscheidungen dokumentieren und überprüfbar machen. Dadurch können sie das Vertrauen der Bevölkerung gewinnen, da ihre Entscheidungen transparent und nachvollziehbar sind.

Ein weiterer wichtiger Aspekt von Blockchain-Technologie ist die Dezentralisierung von Machtstrukturen. Das aktuelle System basiert auf einer zentralen Autorität, die die Entscheidungen trifft und die Macht besitzt. In einem Blockchain-Netzwerk gibt es keine zentrale Autorität. Stattdessen werden Entscheidungen durch Konsens getroffen. Dies bedeutet, dass die Macht im Netzwerk verteilt ist und keine Einzelperson die Kontrolle hat.

Die Blockchain-Technologie hat auch das Potenzial, Korruption zu reduzieren. Da jede Transaktion aufgezeichnet wird, können Korruptionsversuche und -verbrechen aufgedeckt werden. Jede Interaktion wird unveränderlich und unverfälschbar aufgezeichnet, so dass es schwieriger wird, korruptes Verhalten zu vertuschen und zu verbergen.

Einige Regierungen haben bereits damit begonnen, die Blockchain-Technologie zu erforschen und zu integrieren. Estland hat beispielsweise ein E-Residency-Programm gestartet, bei dem Ausländer einen digitalen Personalausweis erhalten, mit dem sie Geschäfte in Estland durchführen können, ohne physisch anwesend zu sein. Die Bundesregierung Deutschlands hat auch damit begonnen, Blockchain zu erforschen und ihre Anwendungsmöglichkeiten zu identifizieren.

Allerdings gibt es auch einige Grenzen, wenn es um den Einsatz von Blockchain-Technologie in Regierungen und Governance-Systemen geht. Eine der größten Herausforderungen besteht darin, die Privatsphäre und die Sicherheit der Daten zu gewährleisten. Da die Blockchain-Technologie eine öffentliche und unveränderliche Aufzeichnung jeder Transaktion ist, können sensible Daten in falsche Hände geraten. Eine weitere Herausforderung besteht darin, dass Blockchain-Systeme sehr energieintensiv sein können, was möglicherweise Auswirkungen auf die Umwelt hat.

Insgesamt hat Blockchain das Potenzial, die Art und Weise zu verändern, wie Regierungen und Governance-Systeme funktionieren. Durch die Schaffung eines transparenten und unveränderlichen Systems können Regierungen das Vertrauen der Bevölkerung gewinnen und die Machtverteilung innerhalb des Systems verbessern. Aber es gibt auch einige Herausforderungen, die gelöst werden müssen, bevor Blockchain-Systeme in der realen Welt umgesetzt werden können.

RISIKEN UND HERAUSFORDERUNGEN BEIM EINSATZ VON BLOCKCHAIN

Obwohl Blockchain als Technologie sehr fortschrittlich und vielversprechend ist, birgt sie auch einige Risiken und Herausforderungen. Im Folgenden werden einige der häufigsten Risiken und Herausforderungen beim Einsatz von Blockchain diskutiert.

Eines der größten Risiken besteht darin, dass Hacker Schwachstellen in der Sicherheit des Netzwerks identifizieren und ausnutzen können. Obwohl Blockchain-Systeme als robust und sicher gelten, kann kein System 100% sicher sein. Es ist daher von entscheidender Bedeutung, dass Sicherheit ein zentraler Punkt bei der Entwicklung von Blockchains ist.

Ein weiteres Risiko besteht darin, dass die Blockchains, bei denen keine Transparenz herrscht, für kriminelle Aktivitäten genutzt werden können. Anonymität und Dezentralisierung machen es schwierig, die Verantwortung für verbotene Aktivitäten zu übernehmen. Es ist daher wichtig, dass Regierungen und Organisationen Regelungen für den Einsatz von Blockchains entwickeln und durchsetzen, um illegale Aktivitäten zu vermeiden.

Blockchain-Technologien sind für viele Unternehmen und Organisationen immer noch neu und unbekannt. Der Einsatz von Blockchains erfordert oft auch spezielles Fachwissen im Zusammenhang mit Programmierung und Kryptographie. Aus diesem Grund können Kosten für die Einführung von Blockchain-Systemen hoch sein und Organisationen können auf

Schwierigkeiten bei der Suche nach qualifiziertem Personal stoßen.

Ein weiteres Potenzial für Blockchains besteht in der Umweltbelastung. Tatsächlich kann der Energiebedarf des Proof-of-Work-Algorithmus bei der Verarbeitung von Transaktionen sehr hoch sein, da die dabei verwendeten Computer rund um die Uhr laufen. Daher müssen zukünftige Blockchain-Systeme so entwickelt werden, dass sie die Umweltauswirkungen minimieren, um die Nachhaltigkeit und Rechtmäßigkeit ihrer Nutzung zu gewährleisten.

Schließlich besteht auch das Risiko, dass bestimmte Blockchains, je nach Anwendungsfall, nicht skalierbar genug sind. Ein Beispiel hierfür ist, wenn Blockchains für sehr hohe Transaktionsvolumina verwendet werden, wodurch das Netzwerk mit zunehmender Nutzungsintensität an Leistungseinbußen leiden kann. Dies bedeutet, dass die Blockchain-Technologie möglicherweise nicht für alle Anwendungen geeignet ist, bis Verbesserungen hinsichtlich Skalierbarkeit und Leistungsfähigkeit erzielt werden.

Insgesamt gibt es viele Herausforderungen und Risiken, mit denen Organisationen konfrontiert sein können, wenn sie Blockchain-Technologie einsetzen. Obwohl die Technologie in vielerlei Hinsicht vielversprechend ist, ist es wichtig, dass Organisationen und Regierungen sich diese Risiken und Herausforderungen bewusst sind und sich angemessen darauf vorbereiten, bevor sie Blockchain-Netzwerke implementieren.

BLOCKCHAIN-ANWENDUNGEN IN DER ENERGIEWIRTSCHAFT

Die Blockchain-Technologie bietet auch in der Energiewirtschaft viele Anwendungsmöglichkeiten. Die Dezentralisierung von Energieerzeugung, -verteilung und -verbrauch erfordert neue Lösungen, die die Blockchain bietet. Im Folgenden werden einige Anwendungen von Blockchain in der Energiewirtschaft erklärt.

1. Peer-to-Peer-Energiehandel: Die Blockchain ermöglicht es den Teilnehmern in einem Energie-Netzwerk, direkt miteinander zu handeln, ohne dass ein Energie-Versorgungsunternehmen dazwischen geschaltet werden muss. Smart Contracts, die auf der Blockchain ausgeführt werden, können automatisch den Energiepreis, die Menge und den Zeitpunkt des Handels festlegen.

2. Energie-Tracking: Die Blockchain-Technologie ermöglicht es, die Herkunft und den Verbrauch von erneuerbaren Energien nachzuverfolgen. Dies ist besonders wichtig, wenn die Energie aus verschiedenen Quellen stammt, da sie dann in kleinen Mengen produziert wird.

3. Mikronetze: Das Konzept eines Mikronetzes besteht darin, dass ein kleiner Teil der Energie von einer zentralen Versorgungseinheit geliefert wird und der Rest aus dezentralen Quellen wie Solaranlagen oder Windturbinen stammt. Die Blockchain kann hierbei als Plattform für den Energiehandel zwischen den Teilnehmern eingesetzt werden.

4. Energieeffizienz: Die Blockchain kann zur Überwachung von Energieeffizienzstandards verwendet werden. Smart Contracts können automatisch belohnt werden, wenn das Gebäude oder die Anlage bestimmte Energieeffizienzstandards erfüllt.

5. Abrechnungen: Die Blockchain kann als Plattform für Energieabrechnungen verwendet werden. Die kryptographischen Algorithmen gewährleisten, dass die Abrechnungen transparent und unveränderbar sind.

Einige der Vorteile von Blockchain-Anwendungen in der Energiewirtschaft sind die erhöhte Transparenz, die Reduzierung von Betrug, die Reduktion von Verwaltungskosten und die Senkung von Emissionen. Die technische Komplexität und die rechtlichen Herausforderungen bleiben jedoch weiterhin ein Thema, das die vollständige Umsetzung dieser Lösungen behindert. Dennoch werden sich die Möglichkeiten von Blockchain in der Energiewirtschaft in den kommenden Jahren weiter entwickeln.

DIE ROLLE VON BLOCKCHAIN BEI DER DEZENTRALISIERUNG VON DATEN

Die Dezentralisierung von Daten ist ein wichtiger Aspekt der Blockchain-Technologie. Traditionell werden Daten auf zentralisierten Servern gespeichert, die von zentralen Autoritäten verwaltet werden. Das bedeutet, dass die Kontrolle über die Daten bei bestimmten Unternehmen oder Institutionen liegt, was potenzielle Risiken in Bezug auf Datenschutz, Sicherheit und Zensur birgt. Blockchain hat das Potenzial, diese Herausforderungen zu lösen, indem es eine dezentrale Datenbank bietet, die direkt zwischen den Nutzern geteilt wird.

Die Verwendung von Blockchain-Technologie bei der Dezentralisierung von Daten bedeutet, dass sie auf einer sicheren Plattform gespeichert werden, die die Anonymität, Vertraulichkeit und Unveränderlichkeit der Daten gewährleistet. Das bedeutet auch, dass keine zentrale Kontrolle über die Daten besteht und jeder Nutzer über die Kontrolle seiner Daten verfügt.

Blockchains können entweder öffentlich oder privat betrieben werden, je nach den Anforderungen. Öffentliche Blockchains erlauben es jeder Person, im Netzwerk zu interagieren und Transaktionen durchzuführen. Private Blockchains hingegen beschreiben Netzwerke, die nur für eine bestimmte Gruppe von Nutzern zugänglich sind und in der Regel von Unternehmen selbst verwaltet werden.

Ein großer Vorteil von Blockchain bei der Dezentralisierung von Daten ist die Sicherheit und Transparenz, die es bietet. Da die Daten in der Blockchain nicht verändert werden können, ist es schwierig, Betrug oder Manipulation in den Datensätzen zu betreiben. Die Transparenz der Blockchain bedeutet auch, dass Daten leichter zugänglich und verifizierbar sind. Potenzielle Anwendungen für blockchainbasierte dezentrale Datenbanken liegen in Bereichen wie Krankenversorgung, Verwaltung von Identitätsdaten und der Verwaltung von Verträgen und Dokumenten.

Es gibt jedoch auch einige Herausforderungen bei der Integration von Blockchain in die Dezentralisierung von Daten. Eine der Grundlagen von dezentralisierten Blockchains ist die ständige Aktualisierung und Pflege der Datensätze. Die Implementierung von Konsensmechanismen erfolgt jedoch auf der Kostenseite, insbesondere bei öffentlichen Blockchains, was dazu führen kann, dass langsame Transaktionszeiten und höhere Kosten pro Transaktion entstehen. Zudem gibt es in einigen Ländern Datenschutz- und Regulierungsprobleme, die die dezentralisierte Speicherung von Daten behindern können.

Die Weiterentwicklung der Blockchain-Technologie und die schnelle Verbreitung der dezentralisierten Speicherung von Daten bieten jedoch spannende neue Möglichkeiten und Herausforderungen, die die Art und Weise verändern, wie Daten in einer globalisierten Welt gespeichert und geteilt werden.

ANWENDUNGEN VON BLOCKCHAIN-TECHNOLOGIE IN DER IMMOBILIENBRANCHE

Die Blockchain-Technologie hat das Potenzial, die Prozesse und Abläufe in vielen Branchen zu revolutionieren und effizienter zu gestalten. Auch die Immobilienbranche kann von dieser Technologie profitieren.

Ein Bereich, in dem die Blockchain-Technologie in der Immobilienbranche Anwendung finden könnte, ist der Grundbucheintrag. In vielen Ländern ist das Grundbuch noch immer in Papierform geführt und die Übertragung von Eigentumsrechten ist kompliziert und aufwendig. Durch den Einsatz von Blockchain-Technologie könnte dieser Prozess schneller, sicherer und kostengünstiger werden. Die Blockchain könnte eine digitale Plattform bieten, auf der Grundbucheinträge in Echtzeit aktualisiert werden können, ohne die Notwendigkeit, dass ein Registry Office oder ein Notar beteiligt ist. Somit kann auch das Risiko von Betrug und Korruption deutlich reduziert werden.

Ein anderer Aspekt, in dem Blockchain-Technologie in der Immobilienbranche Anwendung finden könnte, ist die Möglichkeit von Tokenisierung. Hierbei können Immobilien in digitale tokens umgewandelt werden, die in der Blockchain gespeichert werden und von Investoren gehandelt werden können. Ein Beispiel hierfür ist die Plattform von Brickblock, die es ermöglicht, in Immobilienprojekte zu investieren, indem Tokens gekauft werden, die den Anteil an einer bestimmten Immobilie repräsentieren. Dies kann den Immobilienmarkt für Investoren zugänglicher machen. Es kann auch dazu beitragen, das Liquiditätsrisiko von Immobilieninvestments zu minimieren, indem es einfacher wird, Anteile an einem Immobilienprojekt zu kaufen oder zu verkaufen.

Darüber hinaus kann Blockchain-Technologie auch bei der Verwaltung von Daten und Informationen in der Immobilienbranche Anwendung finden. Die Blockchain ermöglicht es, sensible Daten sicher und transparent zu speichern und zu verwalten. Die Daten können nur von den jeweiligen Nutzern eingesehen und bearbeitet werden, die die notwendigen Zugriffsberechtigungen besitzen. Dies kann dazu beitragen, den Schutz personenbezogener Daten und von vertraulichen Informationen zu verbessern.

Es gibt jedoch auch Herausforderungen bei der Anwendung von Blockchain in der Immobilienbranche. Eine Herausforderung ist die Implementierung der Technologie bei alten und bisher analogen Prozessen. Es können auch Herausforderungen beim Umgang mit regulatorischen und rechtlichen Fragen, insbesondere im Hinblick auf Grundbucheinträge, auftreten.

Zusammenfassend kann die Blockchain-Technologie die Immobilienbranche in vielen Bereichen effizienter und transparenter gestalten. Obwohl der Einsatz von Blockchain in der Immobilienbranche noch in den Anfängen steckt, sind die Möglichkeiten für die Zukunft vielversprechend.

EINSATZ VON BLOCKCHAIN IN DER AUTOMOBILINDUSTRIE

Die Automobilindustrie ist bekanntlich eine der größten und komplexesten Industrien der Welt. Sie umfasst Lieferketten von der Beschaffung von Rohstoffen bis hin zur Produktion von Autos und deren Vertrieb. In dieser Branche nehmen Transaktionen von Wertgegenständen eine zentrale Rolle ein. Daher ist es von entscheidender Bedeutung, die Integrität von Transaktionen und die Datenqualität sicherzustellen. Hier kommt die Blockchain ins Spiel.

Die Blockchain-Technologie bietet viele Vorteile für die Automobilindustrie. Einer der wichtigsten Vorteile von Blockchain ist die Möglichkeit, vertrauenswürdige und transparente Transaktionen zu ermöglichen, indem es eine unveränderliche und unveränderbare Aufzeichnung von Transaktionen und Daten bietet. Dies bedeutet, dass alle Parteien in einer Geschäftsbeziehung Zugang zu denselben Informationen haben und somit zuverlässigere Transaktionen durchführen können.

Ein Anwendungsfall für Blockchain-Technologie in der Automobilindustrie ist der Gebrauchtwagenmarkt. Derzeit gibt es keine zentrale Datenbank, in der Informationen über den Zustand von Gebrauchtwagen gespeichert sind. Dies macht es schwierig, den genauen Zustand und den Wert eines Gebrauchtwagens zu ermitteln. Durch die Verwendung von Blockchain-Technologie könnten Informationen über den Zustand eines Autos wie während Wartungen und Reparaturen durchgeführte Arbeiten, Kilometerstände und Unfälle in eine verteilte öffentliche Datenbank (die blockchain) aufgenommen werden, auf die Käufer und Verkäufer gleichermaßen zugreifen können.

Ein weiterer Anwendungsfall ist die Verwaltung von Lieferketten. Indem alle Transaktionen auf der Blockchain dokumentiert werden, kann die Überwachung von Lieferungen verbessert und die Verfolgung gestohlenen oder gestrandeten Autos erleichtert werden.

Ein weiteres wichtiges Einsatzgebiet von Blockchain in der Automobilindustrie ist das autonome Fahren. Die Abwicklung von Transaktionen in diesem Bereich muss auf einer dezentralen und vertrauenswürdigen Infrastruktur erfolgen. Blockchain-Technologie bietet hier eine Lösung, weil es eine zuverlässige und transparente Plattform bietet, auf der Informationen über Transaktionen und die automatische Erfassung der Daten von autonomen Fahrzeugen gespeichert werden können.

Obwohl die Integration von Blockchain in der Automobilindustrie noch in den Kinderschuhen steckt, sind die Vorteile, die sie bietet, enorm. Die Blockchain-Technologie hat das Potenzial, die Industrie zu verändern, indem sie dazu beiträgt, Vertrauen zwischen Unternehmen und Verbrauchern aufzubauen, Effizienzsteigerungen zu ermöglichen und Kosten zu senken.

DIE BEDEUTUNG VON INTEROPERABILITÄT VON BLOCKCHAIN-NETZWERKEN

Blockchain-Netzwerke werden oft als dezentralisierte und unabhängige Systeme beschrieben. Ein solcher Ansatz hat jedoch zur Folge, dass verschiedene Netzwerke nicht miteinander kommunizieren können. Das bedeutet, dass die Einführung von Blockchain-Anwendungen zur Fragmentierung von Daten und Konten führen kann. Um dieses Problem zu lösen, haben wir uns mit Blockchain-Interoperabilität beschäftigt.

Interoperabilität bezieht sich auf die Fähigkeit verschiedener Systeme, effektiv miteinander zu kommunizieren. In der Blockchaintechnologie hat Interoperabilität das Ziel, eine Verbindung zwischen verschiedenen Blockchains herzustellen. Die Schaffung eines Systems, das die einfache Übertragung von Transaktionen und Daten zwischen Blockchains ermöglicht, kann viele Vorteile bringen. So kann die Interoperabilität den Blockchain-Einsatz von verschiedenen Akteuren und Systemen auf der Welt vereinfachen.

Interoperabilität von Blockchains kann auf verschiedene Arten erreicht werden. Eine Möglichkeit ist, einen gemeinsamen Standard zu schaffen, um bestimmte Anwendungen oder Daten zwischen Blockchains zu teilen. Ein Beispiel hierfür ist das Interledger-Protokoll. Dieses Protokoll hilft dabei, die Kommunikation zwischen unterschiedlichen Blockchain-Netzwerken zu erleichtern.

Ein weiterer Ansatz zur Erreichung der Interoperabilität ist die Verwendung von On-Chain-Protokollen, die die Übertragung von Vermögenswerten ermöglichen, ohne dass sie zwischen dem Sender und Empfänger umgewandelt oder konvertiert werden müssen. Zum Beispiel ermöglicht das Cosmos-Netzwerk den Austausch von Token zwischen verschiedenen Blockchains, einschließlich Bitcoin, Ethereum und vielen anderen.

Es gibt auch Initiativen, die darauf abzielen, die Interoperabilität durch die Schaffung von Middleware-Protokollen zu verbessern, um die Kommunikation zwischen Blockchains zu erleichtern. Diese Protokolle stellen jedoch zusätzliche Schichten zwischen den Blockchains dar, was einige Sicherheits- und Latenzprobleme aufwirft.

Die Interoperabilität von Blockchain-Netzwerken bleibt ein wichtiger Schwerpunkt für Blockchain-Entwicklungen, aufgrund der vielen potenziellen Vorteile dieser Technologie. Eine erhöhte Interoperabilität würde sicherstellen, dass Blockchains und Blockchain-Anwendungen besser miteinander kommunizieren und Daten, Transaktionen und Vermögenswerte effizienter und sicherer übertragen werden können. Hierdurch kann die Blockchain-Technologie aufgeschlossen und zu einem wichtigen Instrument der Digitalisierung werden.

BLOCKCHAIN UND DIE ZUKUNFT VON IDENTITÄTSMANAGEMENT

Das Management von Identitäten ist ein kritischer Bestandteil jeder modernen Gesellschaft. Es ermöglicht einer Person, ihre Identität zu verifizieren und Zugang zu verschiedenen Diensten wie Banken, Flughäfen oder öffentlichen Einrichtungen zu erhalten. Die heutigen Identitätsverwaltungssysteme sind jedoch oft anfällig für Betrug, Diebstahl und Missbrauch. Hier kommt die Blockchain-Technologie ins Spiel.

Die Blockchain-Technologie ist ein dezentralisiertes Buchhaltungssystem, das auf Kryptographie basiert. Diese Technologie ermöglicht es, transaktionssichere Netzwerke aufzubauen, wodurch Identitätsmanagement sicherer und effektiver wird. Die Blockchain-Technologie kann verwendet werden, um Identitätsinformationen sicher und effektiv zu speichern und zu verwalten.

Wenn Benutzer ihre Identität auf einer Blockchain speichern, können sie sicher sein, dass ihre Daten sicher und unveränderlich sind. Blockchain kann auch dazu beitragen, die Verifizierung von Identitäten zu vereinfachen, indem sie die Notwendigkeit von Papierkram beseitigt, der in der Regel für die Überprüfung von Identitäten erforderlich ist. Die Identitätsinformationen können nur von autorisierten Parteien abgerufen werden, was das Risiko von Identitätsdiebstahl und Missbrauch verringert.

Darüber hinaus können Identitätsinformationen auf der Blockchain verschlüsselt werden. Das bedeutet, dass nur autorisierte Parteien auf die Informationen zugreifen können und dass Unbefugte keinen Zugriff auf die Daten haben.

Die Verwendung von Blockchain für Identitätsmanagement ist nicht auf Einzelpersonen beschränkt. Unternehmen und Organisationen können auch von den Vorteilen dieser Technologie profitieren, indem sie ihre Benutzer identifizieren und authentifizieren. Blockchain-Netzwerke können auch dazu beitragen, Betrug im Bankwesen, Online-Handel, E-Government und anderen Bereichen zu reduzieren.

Blockchain-basierte Identitätsmanagementlösungen haben jedoch auch ihre Herausforderungen. Einige der größten Herausforderungen umfassen die Interoperabilität zwischen Blockchains, Datenschutz und Skalierbarkeit. Es ist auch wichtig, dass Benutzer das volle Potenzial von Blockchain für Identitätsmanagement verstehen, um sicherzustellen, dass die Technologie richtig konfiguriert ist und effektiv funktioniert.

Zusammenfassend ist die Blockchain-Technologie eine vielversprechende Lösung für Identitätsmanagementprobleme. Es kann dazu beitragen, Identitätsdiebstahl und Missbrauch zu reduzieren, indem es Identitätsinformationen sicher und unveränderlich speichert und verifiziert. Unternehmen und Organisationen können auch von den Vorteilen der Blockchain für Identitätsmanagement profitieren. Die größten Herausforderungen für Blockchain-basiertes Identitätsmanagement liegen in der Interoperabilität und Skalierbarkeit. Die Entwicklung von Interoperabilitätsstandards und die Verbesserung der Skalierbarkeit werden in Zukunft dazu beitragen, die Adoption von Blockchain für Identitätsmanagement zu verbessern.

MÖGLICHE BEDROHUNGEN VON QUANTENCOMPUTERN FÜR BLOCKCHAIN

In den letzten Jahren hat sich die Quantencomputertechnologie rasant weiterentwickelt, und es wird erwartet, dass sie eine große Bedrohung für die Blockchain-Sicherheit darstellen könnte. Im Gegensatz zu den herkömmlichen Computern basieren Quantencomputer auf der Quantenmechanik, die die Regeln der klassischen Physik verlässt und für viele Aufgaben effizientere Antworten liefern kann. Ein großer Vorteil von Quantencomputern liegt in ihrer Fähigkeit, Informationen zu verarbeiten, die auf einer sehr hohen Ebene der Verschlüsselung gespeichert sind, die für herkömmliche Computer praktisch unüberwindbar sind.

Die Bedrohung, die von Quantencomputern ausgeht, besteht darin, dass sie in der Lage sein könnten, die kryptographischen Algorithmen zu brechen, die für die Verschlüsselung von Daten in einer Blockchain genutzt werden. Ein Beispiel dafür ist der SHA-256-Algorithmus, der für Bitcoin und einige andere Kryptowährungen verwendet wird. Quantencomputer könnten theoretisch in der Lage sein, diesen Algorithmus zu brechen und somit den Zugriff auf die in der Blockchain gespeicherten Daten zu erhalten.

Das bedeutet jedoch nicht, dass Quantencomputer unmittelbar eine Bedrohung für die Blockchain-Technologie darstellen. Abgesehen von einigen Prototypen gibt es derzeit keine Maschinen, die stark genug sind, um die notwendige Rechenleistung zu erbringen, um kryptographische Algorithmen zu brechen. Außerdem arbeiten Sicherheitsexperten daran, neue

Verschlüsselungsmethoden zu entwickeln, die gegen Angriffe von Quantencomputern resistent sind.

Darüber hinaus gibt es Initiativen in der Blockchain-Community, um die Bedrohung durch Quantencomputer anzugehen. Einige Unternehmen und Organisationen arbeiten an der Entwicklung von Lösungen, die die Sicherheit von Blockchain-Systemen auf eine neue Ebene heben und auch gegen Quantencomputer resistent sind. Ein Beispiel dafür ist die Quantum-Blockchain, die auf der Kombination von Blockchain und Quantencomputing basiert.

In jedem Fall ist es wichtig, sich der potenziellen Bedrohung der Quantencomputer bewusst zu sein und sicherzustellen, dass die Blockchain-Technologie immer auf dem neuesten Stand der Sicherheitsstandards bleibt. Aus diesem Grund müssen die Blockchain-Entwickler und -Benutzer stets auf dem neuesten Stand bleiben und die zukünftige Entwicklung der Quantencomputertechnologie im Auge behalten, um sicherzustellen, dass ihre Blockchain-Systeme sicher und geschützt bleiben.

DIE ZUKUNFT VON BLOCKCHAIN IN FORSCHUNG UND ENTWICKLUNG

Die Entwicklung der Blockchain-Technologie hat in den letzten Jahren enorme Fortschritte gemacht. Nicht nur die Anwendungsmöglichkeiten sind vielfältiger geworden, sondern auch die Technologie selbst hat sich weiterentwickelt, um den Anforderungen einer immer komplexeren Welt gerecht zu werden. Die fortschreitende Entwicklung von Blockchain-Anwendungen ermöglicht es Unternehmen, die Art und Weise, wie sie arbeiten, zu verändern, und eröffnet neue Möglichkeiten in der Forschung und Entwicklung.

Ein Beispiel für die Anwendung von Blockchain in der Forschung und Entwicklung ist das Konzept der dezentralen, gemeinschaftlichen Forschung. Die offene, kollaborative Natur der Blockchain ermöglicht ein breiteres Spektrum an Forschungsansätzen unter Einbeziehung von Menschen und Unternehmen auf der ganzen Welt. Diese Art der Forschung hat das Potenzial, innovative Lösungen für komplexe Probleme zu finden, die nicht von einer einzelnen Organisation oder einem einzelnen Land bewältigt werden können.

Ein weiteres interessantes Anwendungsgebiet von Blockchain in der Forschung und Entwicklung ist die Erstellung von sicheren, unveränderlichen Protokollen für klinische Studien. Durch die Verwendung von Blockchain-basierten Protokollen können Pharmaunternehmen und Forschungseinrichtungen die Integrität der Daten verbessern, schneller auf Trial-Daten zugreifen und somit schneller neue Arzneimittel auf den Markt bringen.

Auch in der Entwicklung neuer Technologien spielt die Blockchain-Technologie eine zunehmend wichtige Rolle. Die Möglichkeit, dezentrale Anwendungssysteme mit eingebetteten Kryptowährungen zu erstellen, bietet eine Vielzahl neuer Geschäftsmodelle und -möglichkeiten. Die Blockchain-Technologie ermöglicht es den Entwicklern, spezielle Token zu erstellen, die als Teil einer neuen Plattform oder Anwendung genutzt werden können.

Zusätzlich kann die Nutzung von Blockchain-Anwendungen in der Forschung und Entwicklung die Produktsicherheit und Nachhaltigkeit verbessern. Durch die Möglichkeit, die Nutzung und den Verbleib von Produkten vollständig zu verfolgen, kann das Risiko von Fälschungen, Diebstahl oder Missbrauch erheblich verringert werden. Dies ist insbesondere bei Produkten wie Lebensmitteln, Arzneimitteln oder anderen Gütern von entscheidender Bedeutung, bei denen Qualität und Sicherheit von größter Bedeutung sind.

Die Blockchain-Technologie spielt somit eine immer größere Rolle in der Forschung und Entwicklung und in vielen Branchen. Sie bietet ein neues Konzept für dezentrale, sichere und unveränderliche Datenverarbeitung, das weit über den finanztechnischen Bereich hinausgeht. Die Möglichkeit für Unternehmen und Organisationen, diese Technologie zu nutzen, um ihre Geschäftsprozesse zu optimieren und neue Geschäftsmodelle zu schaffen, ist enorm und wird den Innovationsprozess in der Zukunft weiter beschleunigen.

AUSBLICK: WIE BLOCKCHAIN-TECHNOLOGIE UNSER LEBEN BEEINFLUSSEN WIRD

Die Blockchain-Technologie ist zweifellos eine der aufregendsten Innovationen des 21. Jahrhunderts. Obwohl es noch relativ neu ist, hat es bereits viele Branchen revolutioniert und verbessert - und es könnte nur die Spitze des Eisbergs sein.

Die Blockchain-Technologie hat das Potenzial, unser Leben in grundlegender Weise zu verändern. Es gibt immer mehr Anwendungen und neue Unternehmen, die mit Blockchain arbeiten, einschließlich solcher, die bereits bestehende Industrien stören und auf den Kopf stellen. Ein bedeutendes Beispiel dafür ist die Finanzindustrie, in der viele Unternehmen beginnen, Blockchain-basierte Zahlungssysteme einzuführen, die den aktuellen, langsamen und ineffizienten Transaktionsprozess verbessern werden.

Ein weiteres wichtiges Anwendungsgebiet der Blockchain-Technologie ist die dezentrale Datenhaltung und -übertragung. Dies kann dazu beitragen, die Kontrolle über persönliche Daten wieder in die Hände des Einzelnen zu legen, anstatt sie an große Tech-Unternehmen oder Regierungsbehörden auszulagern. Eine Blockchain-basierte Identitätslösung ist ein gutes Beispiel dafür, wie diese Technologie dabei helfen kann, die Datensouveränität zu stärken.

Darüber hinaus kann Blockchain auch in der Landwirtschaft, im Gesundheitswesen und in vielen anderen Branchen eingesetzt werden, um Transparenz zu schaffen und die Effizienz und Zusammenarbeit zu verbessern.

Es gibt jedoch auch Herausforderungen. Eines der größten Risiken, die mit der Blockchain-Technologie verbunden sind, ist die Datensicherheit. Die Architektur der Blockchain und die Art und Weise, wie Transaktionen bestätigt werden, sind äußerst sicher. Dennoch können Angriffe gegen das Netzwerk selbst oder gegen Benutzer, insbesondere im Bereich der Kryptowährungen, zu großen Verlusten führen.

Ein weiteres natürliches Risiko ergibt sich aus der wachsenden Popularität von Blockchain. Es besteht die Gefahr, dass Unternehmen oder Personen Blockchain falsch oder unrichtig verwenden, um schnell Geld zu verdienen. Die meisten der sogenannten Blockchain-Startups und -Lösungen werden wahrscheinlich fehlschlagen, bevor sie überhaupt auf den Markt kommen können.

Und schließlich gibt es auch eine politische Dimension. Wenn Blockchain-Netzwerke wachsen und von einer größeren Bevölkerung verwendet werden, besteht eine einzigartige Möglichkeit für Regierungen, das Verhalten von Benutzern zu verfolgen und zu regulieren. Es ist durchaus möglich, dass Regierungen in Zukunft versuchen werden, die Blockchain-Technologie für die eigenen Zwecke zu nutzen.

Allerdings bleibt die Zukunft von Blockchain trotz allem äußerst positiv. Da immer mehr Unternehmen und Entwickler die Technologie verstehen und einsetzen, wird die Blockchain in der Lage sein, ein sehr mächtiges Instrument für Innovation und Wachstum zu sein. In Zukunft wird es wahrscheinlich unvorhersehbare Anwendungsmöglichkeiten geben, die noch niemand vorhersagen wird. Aber wir können sicher sein, dass die Blockchain-Technologie unser Leben auf vielfältige Weise beeinflussen und uns als Gesellschaft voranbringen wird.

www.ingramcontent.com/pod-product-compliance
Lightning Source LLC
Chambersburg PA
CBHW050318220526
45465CB00005B/2035